U0928149

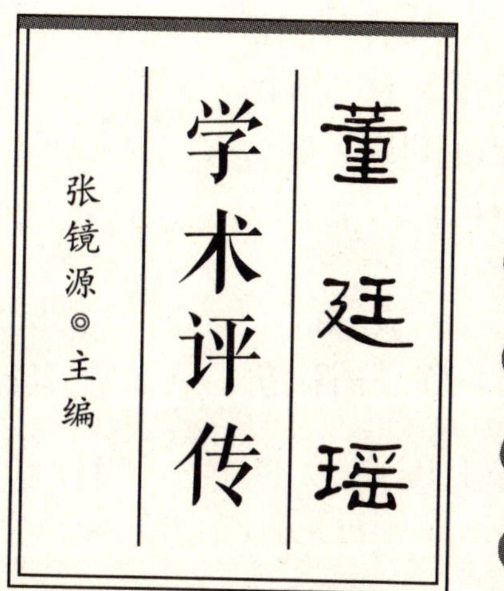

中国盲文出版社

图书在版编目（CIP）数据

董廷瑶学术评传（大字版）/ 张镜源主编. —北京：中国盲文出版社，2015.12

（中华中医昆仑）

ISBN 978-7-5002-6761-4

Ⅰ. ①董… Ⅱ. ①张… Ⅲ. ①董廷瑶（1903～2000）—评传 Ⅳ. ①K826.2

中国版本图书馆 CIP 数据核字（2015）第 313818 号

董廷瑶学术评传

主　　编：张镜源
责任编辑：张冬芝
出版发行：中国盲文出版社
社　　址：北京市西城区太平街甲 6 号
邮政编码：100050
印　　刷：北京华联印刷有限公司
经　　销：新华书店
开　　本：700×1000　1/16
字　　数：42 千字
印　　张：6.75
版　　次：2015 年 12 月第 1 版　2016 年 3 月第 2 次印刷
书　　号：ISBN 978-7-5002-6761-4/K·403
定　　价：12.00 元
销售服务热线：（010）83190297　83190289　83190292

丛书编委会

前　言

中医药是中华民族的伟大创造，是世界医学宝库中的夺目瑰宝，数千年来为中华民族的繁衍昌盛作出了巨大的不可磨灭的贡献，至今仍是中国医药卫生事业不可分割的重要组成部分，在维护民族体魄康健、促进经济社会发展中发挥着不可替代的作用。

中医药学，是中华传统文化和科技文明的结晶，是勤劳聪慧的中华儿女在几千年生产生活实践中，在与疾病作斗争的过程中，创造的独具特色的医学科学体系。它有着浓郁的民族特色、深厚的文化底蕴和丰富的哲学内涵。经过一代又一代中医药传人、一辈又一辈名医大家的实践探索、薪火传承、总结完善、创新发展，逐步形成了系统的理论体系、独特的诊疗方法、丰富的医学内容、实用的制药技术。具有疗效确切、用药安全、应诊灵活、普适简廉和预防保健作用显著的巨大优势，在世界医学之林独树一帜，为人类的文明进步与医疗保健事业，已经并正在作出积极的贡献。

为了弘扬中华民族传统文化，彰显中医药学家的丰功伟绩，当代中医药发展研究中心与中国文学艺术界联合会、国家中医药管理局新闻办公室、中华中医药学会、中国中医科学院、北京中医药大学、世界中医药学会联合会等精诚合作，在国家中医药管理局的支持和指导下，为中华近现代百年来贡献卓著、深受敬仰的150位中医药学家，编撰出版了这部大型传记丛书。丛书采用评传体裁，记载他们的生平事迹、医术专长、学术思想、传承教育、医风医德、养生之道和突出贡献，使这些宝贵的医学成就和精神财富发扬光大，千古流芳。

从书取名《中华中医昆仑》。昆仑山，被尊为“万山之祖”，柱西北而瞰东南，立中国而凭世界，凌驾乾坤，巍然屹立。以其高峻豪迈、绵延起伏的磅礴气势，寓意中华中医药学历史悠久、博大精深和永不衰竭；以其挺拔雄伟、高耸入云的恢弘气魄，彪炳一代中医药学家的丰功伟绩、杰出贡献和不朽勋业。

从书入选传主，从全国范围推荐遴选，遍及中医药界各个领域。有临床家、理论家、药学家、教育家、医史文献学家；有名师亲授、世医家教、学派传人、院校毕业和自学成才者；有师徒并驾、父子齐名和伉俪联袂者。他们学术造诣深厚、诊疗技术精湛、临床经验丰富、学科地位崇高、科研成果丰硕、医风医德高尚、国内外影响较大，从医学理论到临床实践，为中医药事业的传承和发展作出了突出贡献，是近现代百年来中华中医药界的杰出代表。

丛书的出版，对于弘扬中华文化，振兴中医药事业，造就中医药人才，普及中医药知识，具有重要的现实意义和深远的历史意义。这是一项开创性工作，填补了我国为著名中医药学家大规模撰写传记的空白；也是一项抢救性工作，因入选传主已仙逝过半，许多亲历、亲见、亲闻的史料日见散逸，将之收集整理、编撰成书，功垂后世、利国利民；更是一项承前启后的工作，总结传主经验，传承中医药伟业，继往开来，光耀世界医学之林。这部医文结合，富蕴历史性、学术性、文学性和实用性的鸿篇巨制，对医疗、卫生、科研、教育及全球关注中华中医药文化的各界人士，都有重要的参考和阅读价值。

丛书的编撰出版，是一项巨大的中医药文

化建设工程，在策划、撰写、编辑、出版过程中，自始至终得到了国家有关领导、政府部门及社会各界人士的关心和支持。国家中医药管理局高度重视，并组织专家对全书进行终审；数百名专家、学者亲临指导，参与规划；有关省、市、自治区卫生厅、局、中医局（处）给予大力帮助；传主及其亲属、弟子热情支持、密切配合；撰稿人深情满怀、辛勤笔耕；编审专家尽心竭力、精工细琢；关爱中医药事业的企业家热心公益、慷慨资助；全体工作人员不辞辛劳、无私奉献，这一切使丛书得以顺利出版。对此，我们深表谢意。

由于时间紧迫和资料搜集困难，加之水平有限，难免有疏误之处，敬请广大读者批评指正。

中华中医药学，历史悠久，源远流长，发端于远古，奔向于未来。百年对于历史，不过是短暂的瞬间；百人对于万众，不过是沧海一粟。然本丛书所记载的百年百人，则无疑是波澜壮阔的中医药发展史上辉煌的篇章和光芒闪烁的璀璨星辰。

张镜源

目录

自思平生学医，继承家学一丝不苟，精益求精，更崇医德，不计较私利，不图虚名，常能推己及人，幼吾幼以及人之幼，就以幼幼庐作为堂名。

我平生最可慰的是，儿童对我的亲热，家长对我有好感，都希望我长寿，这是我的收获。我也幸运地自感清朗，思路不衰，尽我的微薄知识，终生贡献于中医事业，全心全意为小病人服务。

——董廷瑶

董廷瑶（1903—2002），字德斌，号幼幼庐主。著名中医临床家、儿科学家。1903 年 6 月 10 日出生于今浙江省宁波市鄞州区姜山镇董家跳村一中医世家。少年时随父学医，刻苦研读《黄帝内经》、《伤寒论》等经典，领悟颇深，常能引经据典临床发挥。熟谙《小儿药证直诀》、《幼幼集成》等儿科名著，取其精华，灵活运用。既精于儿科，又能旁及内科、妇科，在长期实践中不断探索总结，最终形成一套较为完整的学术理论和治疗法则，成为“董氏儿科”奠基人。

董廷瑶一生行医 80 多年，诊疗上百万人次，精心诊治疑难危症，活人无数。他以精湛医术、高尚医德，为广大儿童的健康呕心沥血，贡献毕生，在中医界享有崇高声誉，与北京刘弼臣有“南董北刘”之称。

董廷瑶不但精于临床，而且善于总结提炼，撰写了近百篇医学论文，撰著和编著了4本儿科专著——《幼科刍言》、《董廷瑶幼科撷要》、《中国百年百名中医临床家丛书·董廷瑶》、《董廷瑶医案》，这些著作至今仍指导着儿科医生的中医理论学习与诊疗实践，为后学留下了宝贵财富。

董廷瑶的学术思想，主要是临床“证治九诀”（明理、识病、辨证、求因、立法、选方、配伍、适量、知变）、“推理论病”及“推理论治”的观点。在诊断上，特别重视强调儿科之望诊，其中尤以面色、舌苔、形态等为主要内容，并四诊合参，而辨别疾病之阴阳、表里、寒热、虚实，为治疗提供了第一手资料和依据。

在调治儿科疾病、临床处方用药上，更是体现其仁术慈心。他所提出的“轻、巧、简、活、廉、效”六字要诀，是指导后辈之原则。

师古不泥、推陈出新，是他学医从业的特点之一。他还借鉴前人经验，提出了许多儿科疾病新的治疗法则，如对治疗外感热病的“开门逐盗”法、治疗小儿麻疹的“活血透疹”法、治疗小儿复发性肠套叠的“活血理气”法，创制“熊麝散”治疗腺病毒肺炎、“暖脐散”治疗小儿肠麻痹、“董氏定惊丸”治疗发热惊厥、“董氏镇痫汤”治疗小儿癫痫，等等，这些疗法对儿科疑难重症十分有效。

董廷瑶不但博学多才、医术精湛，而且医德高尚。早在董家跳村行医时，他经常翻山越岭，走村串户，深入群众，治病救人；看到乡邻有贫困患者，深怀悲悯，免费为其治疗，还经常出钱买药帮助病家；又积极投身公益事业，虽收入不丰，家无余资，获悉家乡宁波遭受台风灾害，迅即尽力筹资捐款，救助难民；在 90 高龄时，将自己 10 余年的积蓄 10 万元贡献给农工民主党，设立“董廷瑶中医药奖励基金”，专门奖励为中医科研事业作出贡献的中青年医生。他将毕生的精力和心血都投入到中医药事业中，全心全意为病人诊治；更无私地将自己数十年研究心得、宝贵经验悉心传授给学生。他的学生遍布国内外，可谓桃李满天下。他为中医事业鞠躬尽瘁，为众多的病人治病祛痛，弘扬了中医学精粹，是位广受人们敬仰的中医名家。

“弱冠继祖业，穷研内难，名噪浙北（东），亲赴上海，抗争废止中医案，名留青史；而立承师传，熟谙伤寒，蜚声沪上，奔走全国，奋力振兴岐黄业，功载千秋。”全国中医儿科学会原会长张奇文教授撰联如此缅怀董廷瑶，此联是对董廷瑶一生最好的写照。

勤承祖训 弱冠业医

浙东水乡钟灵毓秀，自古名人辈出。位于宁波市鄞州区最南端的姜山镇董家跳村，南枕四明山余脉，北接阡陌纵横的田地，一条奉化江支流蜿蜒穿村而过，环境优美，处处透露出一派江南水乡的灵秀之气。

说起这董家跳村，历史非常悠久。在 2008 年第三次全国文物普查野外调查中，考古工作者成功发现了董家跳遗址，采集到史前稻类、木炭、石斧、陶片等遗物，经鉴定，距今大约 5000 年。董家跳村原先不用此名。传说过去村里范家的女儿招了个董家的男子作女婿，后来范家家族逐渐衰落，而董家家族不断壮大，董家人认为董家发达的原因是“跳”进了范家，因而名其村为“董家跳”，一直沿用至今。

据《鄞县通志》记载，董氏先祖名董黯，字叔达，东汉人，奉母至孝，人称“董孝子”。董母爱喝溪水，孝子董黯为母筑室溪旁，以便母亲随时汲饮。现在宁波的慈溪市市名即由此而来。东汉延光三年（公元124年），董黯被敕封“孝子”，立祠以祀，并在宁波城南建董孝子庙。此庙至今保存完好。慈溪董氏自宋代迁鄞（今宁波城区），至清代时，鄞南董家跳村董氏一族人丁兴旺。

董廷瑶的祖父董丙辉是名中医，擅长儿科，在当地颇有名气。董廷瑶的父亲董水樵，字干增，号质仙，也是中医，其堂名“四物轩”，室名“隆盛房”。董水樵除随父习医外，还曾拜学于同邑儿科前辈石霖汝先生之门，以其勤学苦研，尽得石氏之心传，以痧、痘、惊、疳四大要症为擅长，对其他杂病亦颇有心得。中年以后，董水樵医名渐噪，求诊者近悦远来，舟楫相接，络绎不绝。

董廷瑶上有6位胞姐，长兄早逝，成为家里唯一的男孩儿。他自幼聪颖过人，因此父母对他钟爱有加。但父亲督教甚严，7岁时即延请秀才老师给予启蒙教学，后习经史子集，他对其中的一些典籍，能精读背诵。由于他天资聪敏，又用心攻读，领悟较深，故早年即能文。15岁起学习《素问》、《灵枢》、《伤寒论》、《温病条辨》及汉唐方书。16岁起随父学医并侍诊。经父亲三年悉心授教培植，自身勤学苦练，董廷瑶学业猛进，根基渐深。

其父的治学思想和证治心得，对董廷瑶的临床有着深刻的影响和帮助。如对小儿急惊之病，认为其病机之初，多属于伤寒化温、化热的三阳症。因为小儿体脆神怯，不耐高热，极易导致惊搐。其时如果不先祛邪，遽投金石重镇，或脑麝开窍之药，是舍本逐末，引盗入室，危害匪浅。指出治惊之法，不必拘于惊之名目，当求其致病之因。而火有虚实，实火宜泻，以钱氏泻青丸、葛根芩连汤、承气汤、白虎汤及紫雪丹等为常用之剂。风邪束表，桂枝汤主之，呕吐甚则加玉枢丹，发热汗出而渴者加花粉，或佐以葛根。风热夹痰之惊，则用抗瀣丹、金粟丹或抱龙丸等。他临床秉承父传，灵活化裁应用诸法，每多应手获效，热降惊平。

然而，在他 18 岁时，父亲董水樵患温病不治而病故。悲痛之下，董廷瑶勉承慈父遗志，在弱冠之年独自应诊。他自感年少学浅，医疗经验尚不足，一边四处虚心求教中医前辈，以求深造；一边则临诊细心观察，力求辨证正确，取得疗效。诊余又兢兢业业，博览群书，上溯灵素，下逮近贤，旁及宋元诸家，理论与经验相应不断提高。夜间静坐，常回忆疑难病案，索卷重温典籍，解惑求证，悉心钻研，常能洞彻病机，辨证以治，药到病愈，而获佳效。因此诊务日增，十分繁忙，渐能立足于医林之中。小儿疾患及各种疑难杂症，经他诊治，常获痊愈，故董廷瑶的名字不胫而走，享誉四乡。

董廷瑶 21 岁时，农历四月初九晚 6 时半饭后，正在家与族人商量改组当地崇德小学事宜，谈兴正浓。突然，有人问："廷瑶先生在吗?"他以为是熟人，即点头相迎。仰面一看，乃两个素未谋面的陌生人。来者操绍兴嵊县一带口音，还未等他反应过来，来者已面露狰狞，掏出手枪，将他迅速绑起来，藏匿于奉化四明深山，并向家属勒索巨款。在被绑架的 10 天时间里，他一边与绑匪机智周旋，想尽办法脱险，一边给绑匪讲《西游记》、《三国演义》的故事，绑匪听得津津有味，分散了注意力，所以没有为难他。后终于以 8500 块银元被赎回脱险。

事后，他的母亲深感乡居不宁，遂移居宁波城内东大路东马巷 27 号（今中山东路中农信大厦一带）。他依旧悬壶行医，并撰写《匪窟十日记》一文，连载发表于宁波《时事公报》。其惊险曲折的经历轰动乡城。董廷瑶更以精湛医术、高尚医德而渐名扬甬城，求医者日众，可谓门庭若市。当时，在政界有个重量级人物名叫董显光，也出生于董家跳村，比董廷瑶大10多岁，虽“位居庙堂之高”，但对同族小弟董廷瑶的医术却备加赞赏，曾专门制作一匾“中医名家、代代相传”旌表，勉励后学。经董显光等人推荐，连奉化溪口的蒋氏亲戚族人也慕名前来求诊。

董廷瑶夙存幼幼之心，故以“幼幼庐”作为堂名。后任宁波中医学研究会职员兼医报编辑、浙江省鄞县中医公会执行委员兼常务委员，仍自感不足，发奋图强，白天门诊、出诊应接不暇，夜间挑灯攻读医籍手不释卷，久而心身交瘁，肺痨缠身，形瘠咯血。当时无特效抗痨之药，其生命可忧。他在查询医书之后，试服野山参，每日一钱炖服。一月以后，胃口形气渐复，脾健胃和，土能生金，肺气得以保养，痨疾自愈。此后于每年春季生发之时，分十天连服野山参一两，十年后肺结核钙化而愈。此后每于冬至自配膏方调理，直至高年仍精神矍铄，思路清晰，颐享天年。

同仇敌忾　捍卫国医

中医学源远流长，历史悠久，为中华民族的繁衍壮大作出了重大贡献。自鸦片战争后，西学东渐，使中国医学在发展上形成中西并行的局面。但由于有的人崇洋媚外，在学习西医过程中直接或间接接受了全盘西化的思想，因此对祖国丰富的医药遗产抱着民族虚无主义态度，逐步形成了中西医对峙的局面。

当时有个曾在日本学过西医的宁波镇海籍人余云岫，在他所著《医学革命》一书中，大放厥词，说“尤其是国医，真是莫名其妙，大部分不能脱离野蛮民族的气味”。他提呈了《废止旧医以扫除医事卫生之障碍案》，声称“旧医一日不除，民族思想一日不变，新医事业一日不能向上，卫生行政一日不能进展”，并提出了废除中医的具体措施（即所谓处置旧医六项方法）。1929 年 3 月，国民政府卫生部中央卫生委员会通过了余云岫的提案，妄图逐步废除中医。一时舆论哗然，全国中医药界坚决反对。中医药界同仁及社会明智之士，纷纷登上论坛，慷慨陈述利害，与之抗衡。宁波中医协会在舆论中呼声颇高者有董廷瑶、王宇高等中医师。他们据理力争，指出：“中医药一旦任其废止，则全国四万万同胞之生命健康，更堪深忧，此事关系中华国家之盛衰，与中华国民之健康，既大且巨。”又说：“如以中医中药为古旧也，则中医中药，自神农黄帝创始以来，精进于汉，博大于唐，变化于宋元，妥善于明清，代有发明，代有进步……整理固有，采取未有，更属日新月异，大有进步，何旧之有?”用事实予以有力驳斥，雄辩地阐述了中医中药不但历史悠久，且具有其自身的系统性、科学性，实践证明疗效显著，不但有存在必要，而且也应和西医西药一视同仁，予以发扬光大。

国民政府卫生部中央卫生委员会悍然通过废止中医药案决议后，全国中医药团体代表大会遂于 1929 年 3 月 17 日在上海总商会召开。出席会议的宁波代表共 3 人，即董廷瑶、王宇高、吴涵秋。董廷瑶虽然专心业医，但时时关注着时政，忧国忧民，对当局废止中医更是忧心如焚。他代表宁波中医协会草拟的议案，成为反对废止中医抗争运动中有力的精神武器，为捍卫中医事业起到了积极作用。会议开了 3 天，董廷瑶等全国各地代表纷纷发表演说，严词谴责当局消灭中医的狂妄举动，呈提各种议案，将其重要者付诸表决。并发表大会宣言，列举大会宗旨，反对废止中医案，争取社会各界支持和声援。会议期间成立的“全国医药团体总联合会”还发表宣言，组织赴南京请愿团。

会议胜利闭幕后，请愿团旋即乘夜车抵达南京，要求国民政府取消废止中医的议案。

在广大中医药界从业人员的坚决抵制和抗议下，在社会公众舆论压力下，国民政府不得不中止提案的执行，同意成立“国医馆”。直到中华人民共和国成立后，共产党提倡中西医结合，互相学习，取长补短，弃其糟粕，汲其精华，中医中药才真正获得了新生。为捍卫中医事业的生存与发展，董廷瑶亦可谓鞠躬尽瘁矣！

沪上悬壶　名扬杏林

1937年，抗日战争爆发。宁波城区迭遭日军轰炸，看情势必将沦陷。不得已，董廷瑶于1938年携家眷逃难赴上海，希望战争结束后重回宁波。根据当时的形势，他判断战争短期内难望平息，只得暂时安身租界，再度开业行医以谋生。由于旅沪的宁波人及逃难来沪同乡众多，所以诊务得以顺利开展。因董廷瑶医术精湛，疗效显著，病人获得痊愈后欣喜不已，又辗转介绍，甚至上海本地人也慕名前来求诊。他的诊务日渐繁忙，声誉日上，终成上海名医，自此定居上海。

中华人民共和国成立后，党和政府大力振

兴医药卫生事业，十分重视中医药事业的发展。在政府的号召下，1951 年，董廷瑶约集了 20 余位中西医同道，共同集资创办了上海市新成区（今静安区）第二联合诊所，从此走上了医务合作的道路。

1956 年，董廷瑶由于工作极其认真负责，精心诊治，全心全意为病人服务，被选为上海市新成区第三届人大代表，并于翌年参加万人检查团，全面检查全区大小卫生单位，深入基层，与基层群众同吃、同住、同劳动，热心为群众服务。他在大公医院抢救麻疹病人时，表现很突出，日夕不离医院，放弃了私人诊所门诊业务。当时有人说他是“戆大”。但能千方百计地救治病人，他很高兴，感到无比光荣。1959 年，在上海市卫生局的重视下，董廷瑶被调入静安区中心医院中医科，任科主任。他工作十分认真负责，使中医儿科专业获得良好发展，门诊诊疗、病房巡查、院外会诊，医务工作十分繁忙。董廷瑶每能急病人所急，痛病人所痛，诊疗效果甚佳，得到了患儿家长的称誉。中医儿科的诊务蒸蒸日上，在上海众多医院中屈指可数。患儿家长慕名，近悦远来。

1967 年 6 月，董廷瑶主动参加下乡医疗队，去南汇县坦直公社为农民群众服务，门诊出诊，天天忙碌。有一次他乘一叶小舟，到五里外去出诊，因船小江阔水急，稍坐不稳，舟翻落水，幸被救起，饱受惊吓，而他仍穿着湿衣为患儿治病，令家长十分感动。其良好品行和认真负责的态度为群众所尊重，因而连续被推选为静安区第三、四、五、六、七届人大代表，直到他调离静安区，被任命为上海中医文献馆馆长为止。

1977 年，董廷瑶当选为上海市政协委员，连任至 1986 年，并任上海市农工民主党市委委员。1977～1978 年两次被评为静安区先进工作者。在此期间，他通过大量临床实践，总结疗效显著的治病经验，发表了《新生儿口腔疾病的论治经验》、《小儿暑证》等多篇学术论文，学术水平迅速提高，且德艺双馨。

1979年起，董廷瑶被聘为上海市高级科技职称评定委员会委员，同时被上海中医学院专家委员会聘为专家委员。

精研医典　明理识病

一、明理识病，证治九诀

董廷瑶家学渊源深厚，年少精研医籍，深悟《内经》、《伤寒论》、《温病条辨》等医典的意义，加上70余年临床反复实践，不断总结，再度升华，其理论更臻于完善。他教导学生："中医学乃实践科学，贵能愈疾；方药乃治病工具，欲遣药以愈疾，全赖理论指导。"他将在中医临床取得佳效的宝贵经验，总结为"证治九诀"：第一是"明理"，医者首先要明古圣治病之理，必须精读《内经》、《伤寒论》等医典，通晓藏象学说、阴阳五行等，包括病理、脉理、方理、药理等整套理论。第二要"识病"，各种疾病都有其本质和发病机理，医者必须不断深化对疾病本质的认识。第三要进行“辨证”，中医治病运用四诊，望形察色、观舌看苔、切脉、闻声，结合主诉全面收集证候，然后按五脏所主、八纲分型作出诊断。第四再“求因”，任何疾病都有发病原因，病因不明，治多不当，所以说治病必求于本。第五为“立法”，法是古人已验之成规，在辨证求因的基础上作出正确诊断，才能制订基本疗法。古有七方十剂，作为后辈医生，应当触类旁通，斟酌而运用之。第六再“选方”，并不是执一方就可治一病，世上没有一把钥匙可打开所有的锁，治病也是同理，并没有包治百病的灵丹妙方；必须明理、识病、辨证、求得病因，才能正确立法选方，同时尚须因人、因时、因地灵活应用，进一步在自己临床中反复使用前人的验方，观察疗效，加以识别，才能积累医师自身的经验，正所谓“千方易得，一效难求”。第七要精心“配伍”，古方配伍严谨，药仅数味，分君臣佐使，通过配伍发挥药物综合作用，有加强或抑制作用，亦可抑制个别药物之弊性，故组方不能芜杂，配伍不当反令掣肘，所以不是药味越多越好。第八要“适量”用药，若药轻病重，则药力不及延误病情；病轻药重，则药过病所诛伐无辜；又同一药因其用量多少不等，而呈不同作用。第九是“知变”，在诊治全过程中尚须“知变”，患儿的病情时时有变化，则治法亦当随之相应改变，作为医师应严密观察，灵活应变，选方用药配伍适量，才能丝丝入扣，巧思妙用，方能中的。上述九点是董廷瑶数十年临床积累的经验，十分可贵。

他说：“父母育儿诚难，医师治小儿病尤难。因为小儿啼哭无常，疾病痛痒不能自诉，且脏腑柔弱，饥饱冷暖不知自护，易感外邪或内伤饮食，病则易寒易热，用药一或不当，变化突起多端。故张景岳叹曰：‘宁治十男妇，莫治一小儿。'于此可见业儿科医者之不易也。然而天下为父母者，谁不爱其子女，偶有小疾，立即求医索药，可知医师的职责是多么重呀！凡为医者应该以幼吾幼之心，推而及于他人之幼，将病儿当作自己孩子般爱护。看病时要专心一意，全神贯注，不能有丝毫懈怠。尤其小儿脏气清灵，药效敏捷，随拨随转，一有药误，祸患无穷也，所以峻烈之剂不可轻投。"为此他特别撰写了中医《儿科用药六字诀》告诫学生，并要求儿科医师都要勤记采用：

一曰"轻"。首先是处方应轻，如外感风寒，表实用麻黄汤，表虚投桂枝汤，一以散寒，一以和营，则邪祛表和，其热自解。若是感受风温风热，则投桑菊、薄荷、荆防、银翘之类辛凉解肌，疏化即可退热。此即轻可去实之轻也。其次是用量宜轻，小儿胃肠娇嫩，生长发育全赖脾胃生化之源，况百病以胃气为本。若药量过重易犯胃气，胃气一耗，能使胃不受药，于病不利又伤儿体正气。

二曰“巧”。古人治病每多巧思，往往于前医所用方中加药一味，即可获效。如徐灵胎治一呕吐患者，前医曾用二妙散不效，徐加茶子四两煮汤服之遂愈。此因其病为“茶积”，故用茶子煮汤为引经药也。董廷瑶教导学生说：“人参可以救人，也可以害人。”在宁波行医时，曾治一富商之 7 个月婴儿，因泻剧而虚脱，已弃置于地。董廷瑶适路过其门，家长强请他进视，以决其死否。按腹尚温，诊脉不得，启口观舌则有啼声，知其虽脱未绝，即嘱购野山参一钱，家属购归急炖服。次日来报，儿已活矣。再经治疗得以回生，致谢不已。此人参活人之一事也。但服之不合其证，或不得其法，补药亦能害人。曾有一富孀子，年 18 岁，因出门创业，慈母意欲儿体健壮，因不谙服法，将家藏一两野山参一次炖服。自此胸闷烦扰不已，三昼夜不食不寐。其母焦急万分，急送医院救治，知是服人参致病，除补液以外别无他法。归家又求治于董廷瑶。董廷瑶嘱其急购生莱菔二斤，捣汁予服，连食两天，下大量宿粪。此因莱菔能解人参之补益作用，泻下之后病恙得以解化，困顿即祛，调理而安。此乃审因论治，巧思妙用又一事例也。

三曰“简”。医之治病用药切忌芜杂，芜杂则药力分散，反会影响疗效。有医者以为病之不愈，乃因药量不足，进而倍之，或以为药味不敷，也每增之，这是舍本逐末，犹如拔苗助长，适得其反也。董廷瑶强调，前辈名哲处方用药，每多三、五、七味，对证发药，虽危重之候，获效亦迅速。应之临床实验，确是如此。

四曰“活”。中医治病首重灵活。同一病也，既有一般又有特殊。如果见症治症，不分主次，不知变化，笼统胶着，甚或按图索骥，对号入座，慢性病或可应付，急性病则必误时机。幼儿弱质，病症变化更快，朝虽轻而暮可转重。医者当见微知著，病变方药亦变，则可减少误差，而操必胜之券也。

五曰“廉”。董廷瑶平生用药从不滥施昂贵之品，亦不以珍珠、人参、鹿茸来取宠于达官贵人或有钱富室，并且处处为劳动人民着想。由于处方价廉，往往令病家初多疑之，终则奇之。事实上医师治病，以草木之偏性，来纠正人身之偏盛，但求疗疾，毋论贵贱。只有力求价廉效高及时愈病，才能更好地服务于广大病家。

六曰“效”。病人对医生的要求，主要是望其病速愈。医师为病人治疾，最重要的是要有高度的责任感，要处处有推己及人的想法，所谓急病人之所急，痛病人之所痛。轻病人则驾轻就熟较易见效；重病人则因其变化多端而需思索周到，尽情关切，力求治愈。这也是医师应树立的崇高宗旨。然“效”之一字，不是唾手可得的，必须谙之于医理，娴之于实践，更须有仁者之心，灵变之术，方可无负于人民赋予的崇高职责。

董廷瑶在数十年临床中，素以疗效神速著称。当学生叩问原由时，他坦然告之，除勤学苦研经典外，还要多在临床磨炼，强调治病必求于本，探寻发病的原因，有内因、外因、不内外因。《内经》曰“从内之外者，调其内；从外之内者，治其外；从内之外而盛于外者，先调其内而后治其外；从外之内而盛于内者，先治其外而后调其内；中外不相及则治主病”，对临床确有重要启示作用。

第一条：“从内之外者，调其内”。由于内部病因影响到外部发生病症，则内是本外是标，只要针对内因治疗，则外部因受内因影响所发生的病症自能痊愈。曾治杨姓少女，19岁，面目轻度黄染，胸闷、纳呆、呕吐，精神疲乏，由于病情增剧急诊入院。发热38.8℃，神志昏迷，狂躁不安，皮肤明显黄染，两侧瞳孔放大，对光反射消失，有肝臭味。血液化验检查：麝香草酚浊度试验 8U，锌浊度试验 6U，脑磷脂胆固醇试验阳性，胆红质 4mg，黄疸指数 45U，谷草转氨酶大于 200，谷丙转氨酶大于 400，尿三胆试验均阳性，非蛋白氮 28.5g。诊断为传染性黄疸型肝炎、急性肝坏死、肝性昏迷。经西医用麸氨酸钠、激素、抗生素等抢救两天，效果不显，病情继续发展，昏迷不醒。第三天请董廷瑶会诊，辨证此系湿热蕴盛发为黄疸，且已化火蕴毒病变速剧，4 天来邪热已传里，热结阳明，灵窍被蒙，神志昏迷，狂躁肢搐，肤目均黄，睛不了了，腹满便秘已有 5 天，小溲短赤，脉象数实，舌苔黄腻，舌质红绛，显系阳明腑实证。症情危急，非釜底抽薪，急下存津，难以挽救。急选大剂白虎合大承气汤直折泻火，再加紫雪丹辟瘟解毒。两剂药后，泻下深褐色宿粪大半盂，热势即退，神志顿清，面目黄疸渐退，目睛明了，且饥而索食，续进清利之剂而愈。董廷瑶解释："这一病儿湿热火毒壅盛于内，已呈阳明腑实，火毒是本；神昏狂躁，黄疸是标，用泻实清里以去内热，热祛神清黄退而病愈。"

第二条："从外之内者，治其外"。外因影响内部发生病变，则外因是病本，内部变化是病标。只需治疗外因，内部的病变豁然自愈。曾治两岁女孩翁某，咳嗽10天，发热6天，体温持续在39℃～40℃之间，收入病房。听诊：两肺有湿啰音。诊断：支气管肺炎。用抗生素后发现口腔溃烂及厌食，故停西药，转求中医治疗。患儿高热，舌红苔黄，口腔糜烂，汗出不彻，咳呛不畅气急，便闭，小溲短赤，脉数带浮。此乃风热犯肺，法当辛凉解肌，宗叶氏辛凉轻剂。药用淡豆豉、银花、连翘、黑山栀、黄芩、大力子、瓜蒌仁、杏仁、薄荷、芦根。两剂后得汗热清，咳嗽亦爽，舌红苔薄，便秘得通，小溲通长。肺热渐解，仍须清肺。药用桑叶、枇杷叶、连翘、大力子、杏仁、竹茹、芦根、橘皮、前胡、甘草。两剂后热平咳减，口糜亦瘥。再以清肺化痰和胃三剂而安。董廷瑶教曰："这一病儿由于风热犯肺，邪从外入，外邪不解，肺热难清。故予辛凉解肌，汗出热清，咳瘥口和。"正符合第二条的内容。

第三条："从内之外而盛于外者，先调其内而后治其外"。病由内起发展至外部，恰遇外邪入侵，成为内外合邪的局面。在症状上似乎外病较重，但仍需从内因治本着手，然后再治外因的标病。徐姓女孩，14 个月，因高热咳嗽而入院，诊断为支气管炎、佝偻病，曾用青霉素、链霉素、红霉素等，治疗一周，高热虽降，低热不清，请中医会诊。患儿疳积已久，形销骨立，毛发焦枯，舌苔厚腻，便泄酸臭，腹部膨满，继因外感而发热咳嗽，迁延不愈。病因疳积在先，复感外邪而发热，法须以消疳健脾、扶元培本为主。选党参、焦白术、茯苓、甘草、陈皮、姜半夏、五谷虫、青皮、神曲、佛手。服药三剂，热退腹软，胃纳亦馨，咳爽神安。因形体仍瘦，便下溏薄，再拟扶脾以固其本，续服三剂，诸恙均和。董廷瑶认为病儿的发热咳嗽，虽由外邪引发，但疳积已久，则脾虚肺弱，抗御无力。表象上似乎外症较重，实际上内因是病本，外症是病标。西医用抗生素后高热虽降，低热不清，故仍需治疗内因本病，方能解决外因标病，扶正逐邪，也即符合第三条的内容。

第四条："从外之内而盛于内者，先治其外而后调其内"。即有外因影响内部的，先除外因再调治其内。乔某，女，3个月大，出生后持续泄泻，最多日泻20余次，大便如蛋花汤，有时色绿夹奶块，无脱水症，小溲亦通，舌苔薄润，形神较软，药治无效。因此考虑到泻在儿身，根在母乳，于是检查乳母的蹲踞、踝膝反射等，试验为阳性，知乳母有隐性脚气病存在，故儿患“脚气性泄泻”。遂令停乳，暂饮米汤，待泻愈后人工喂养。但久泻伤脾，先予温扶中土。药用炮姜、焦山楂、炒麦芽、煨木香、陈皮、焦白术、党参、清甘草，三剂后大便即成条。此病例外因致泻是病之本，内症泄泻是病之标。分析此类泄泻，婴儿病因不明，故诸药无效。婴儿消瘦，家长忧心如焚，到处求医。董廷瑶经过长期细察，最后悟出病根在母身，母乳导致婴儿泄泻，方获治法而愈。所以为医者不仅要学识渊博，更要有巧思灵感，触类旁通而有创新。

第五条：“中外不相及，则治主病”。是说患者症状单纯，只有里证或表证，且发病后表证未影响到内部，或里证未影响到外部，只需针对目前主症进行治疗即可。

二、外感热病，开门逐盗

董廷瑶对伤寒、温病素有深刻研究，颇有见解，擅治小儿热病急症，曾救治无数麻疹、乙脑、疫痢、肺炎、高热、惊厥等危重患儿，认为祛邪安正为首要治则。他屡屡教示学生："治外感热病，一是为病邪找出路，一是给患儿存津液。"病邪初入时，当汗时则汗之；邪热传里时，当下时而下之；湿热阻滞时，当渗利时则渗利之。这些都是给邪以出路的法则，使邪毒得及时排除，表里得和，津液自保而病自愈。外感高热患儿，大都邪自外入，治当祛邪，方能安正，然祛邪之途，当就近选择。譬如盗至家宅，近大门则驱从大门出，近后门则驱从后门出，遵守经旨"其在皮者汗而发之"，"其下者引而竭之"，"开鬼门，洁净府"，给病邪以出路。诸如高热惊厥、麻疹、乙脑等不同热病，多以发汗、攻下、利尿、涌吐或透疹解毒等不同方法，皆是给邪毒以出路。又如小儿口腔溃疡用导赤散，泻心与小肠之火，自小便出；兼大便实者，酌加大黄，此为上病下治之泄热法。伤寒热病若已邪传三阴，似贼已逼近寝室之势，尚可不失时机施治，使由阴转阳回归阳明，则仍可驱邪从后门出，所以说三阴亦有可下之证也。热病的“开门逐盗”是不令病邪深入也，若祛贼不给出路，闭门与之斗，即使贼败，亦必伤及病儿本体，必致两败俱伤，不可取也。董廷瑶一再强调“治热病不可关门杀贼也”，正是他在多年临床实践中得到的真知灼见。

朱某，女，18 岁，发热稍恶寒 6 天，微咳伴咽痛，体温上升至 40℃，因症状加重而住院。拟诊：发热待查（检查血常规正常，胸透阴性），未用西药，由中医处理。董廷瑶查房，观察到患者发热而微恶寒，并有寒热往来的现象，汗出不彻，咽干口苦，胸胁胀满，舌质红、苔薄白，脉弦数，大便偏干，小溲短赤。根据证情，明显属少阳证，由于仍有恶寒，则太阳表证未罢，因此即予柴胡桂枝汤。两剂以后汗出较多，寒热不作，表里均和，再予清理而愈。董廷瑶说虽高热达 40℃，但仍见表证及表里不和证，知邪尚近表，则可用柴桂剂使邪从少阳转从太阳而表出也，此即驱贼从大门出。

三、脾肺同病，培土生金

小儿素体脾常不足，肺常虚，患病则多见脾肺同病，尤其感邪发热后，往往咳嗽久久不愈，或痰浊阻肺，肺炎病灶不能及时吸收，此时抗生素已不宜用，西医缺乏有效疗法，就转向中医求治。董廷瑶临床经验丰富，熟谙经义，认为此是幼儿脏腑功能薄弱，“成而未全”，易感外邪而病。治疗后症情虽有改善，但常于疾病后期见有脾虚肺虚、咳嗽不断、食欲不振、大便溏泄等脾不能散精上布于肺的病证。可根据五行学说中“土能生金”的理论，用培土生金法治疗。培土生金法是中医学在临床上常用的一种治疗法则。临床上常遇到这类病案，如小儿肺炎后期，炎症不能吸收，肺部啰音始终存在；或患肺痈空洞，久久不能愈合者，辨证应用培土生金法，效果很好。董廷瑶总结了治疗小儿肺炎的经验，写出了《培土生金法在临床应用的体会》、《小儿肺炎的辨证论治》等论文，为后学之辈临床研究与运用指出了方向，打下了基础；同时他还创制了“熊麝散”救治腺病毒性肺炎危重儿，并获得理想的疗效。

男孩陈某，15 个月大，发热咳嗽气急两天，腹泻 1 天（共 4 次，为不消化物）入院，体检：身热 38.5℃，毛发稀疏，有明显方形头，形体消瘦，营养不良；X 线片示右下支气管肺炎；白细胞 15.1×10^{9}/L，中性 40%，红细胞 3.75×10^{12}/L，血色素 10.5g/L。诊断为支气管肺炎、佝偻病。经用多种抗生素后热退，但肺中湿啰音仍未消，X 线片示右下肺炎尚未吸收，遂停用抗生素，转请中医会诊。董廷瑶说患儿疳积已久，脾虚消化不良，形色枯萎，毛发稀疏，感邪以后发热咳嗽，痰多不化，舌苔厚腻，针四缝穴黏液多。肺炎不愈，其病根在脾，法当消疳健脾。处方：党参、炒青皮、佛手、炒白术、清甘草、陈皮、姜半夏、醋炒五谷虫、寒食曲。服药3剂后，形色转润，舌苔已薄，咳少有痰，胃和脾调，疳积已化，腹软，针四缝穴黏液带血。再拟原法，上方去青皮、佛手，加怀山药、炒扁豆。再服3剂后，大便已调，面色转润，唯舌心尚腻，脾运尚未健强，再拟培补脾胃。处方：党参、炒白术、炒青皮、炮姜、陈皮、煨木香、焦甘草、煨肉果、怀山药、神曲。服药4剂后胸透肺炎已消失，痊愈出院。董廷瑶说："患儿因风邪犯肺发热咳嗽，治疗后身热虽和但咳嗽痰多，肺部啰音未消失。观其形瘦腹胀，便泄不化，毛发稀疏，痰多不化，又针四缝穴黏液甚多，这是疳证在先，肺脾两虚，兼感外邪，标本俱病。标症虽减，脾气未复，以致脾虚不能散精上布于肺而咳不愈。故从消疳健脾补土着手，使疳消脾健土能生金，而肺气一足，其痰自消。故10剂之后，咳嗽自愈。此补脾即所谓杜其生痰之源，亦是前人‘见痰休治痰’、治病求本之旨也。”

又有沈姓男孩，4岁，发热咳嗽气急2天，住院。身热39℃，面色苍黄，贫血，形体消瘦，X线片示右上肺内侧浸润及液平（1～2前肋间隙，直径约2cm圆形透明区）。血检：红细胞2.4×10^{12}/L，血色素5g，白细胞6.5×10^{9}/L，中性50%，淋巴48%。诊断：肺脓疡，继发性贫血。经抗生素治疗后，热度已退；续用抗生素及体位引流等，效果不佳，右上肺空洞依然存在。患儿体弱不宜外科手术，故转请董廷瑶诊治。董廷瑶见患儿面色苍黄，舌苔浮腻，口气臭浊，脉象滑数，胃纳颇好，精神欠佳，先拟千金苇茎汤合甘桔汤加减。处方：芦根、冬瓜子、生薏苡仁、桃仁、桔梗、杏仁、浙贝母、鱼腥草、陈皮、生甘草。服药7剂后，诸恙依然，腹部膨满，毛发枯焦，拔之易起，针四缝穴有黏液，脉软滑，苔浮腻。观此证候是素有痞积，脾虚已久，土不生金。改为肺脾同治。处方：陈皮、寒食曲、醋炒五谷虫、姜半夏、冬瓜子、杏仁、生薏苡仁、鱼腥草、炒青皮、川贝、象贝。服药 4 剂后，腹满渐软，面色较润，舌苔已化，口臭亦减，针四缝穴黏液量多。再以扶土，脾胃和则肺气亦复。处方：太子参、焦白术、茯苓、醋炒五谷虫、寒食曲、姜半夏、怀山药、清甘草、陈皮、鱼腥草。再服药 5 剂，脾运已健，形色转润，腹软便调，舌洁脉和，针四缝穴黏液已少。再以补土生金法，上方白术易于术，去五谷虫、寒食曲、鱼腥草，加炒谷麦芽、苡仁。服药 9 剂后，胸透示肺脓疡空洞消失，周围无明显炎症，患儿面色红润，形神活泼，再连服上方数剂后痊愈出院。

董廷瑶说："肺痈，其初起为'风伤皮毛，热伤血脉'，致蓄结痈脓。虽迭经西医治疗，然其空洞依然不消。会诊时见其形瘦面黄，毛发稀枯，以为肺痈病程久长所致，故按常法处治，投千金苇茎汤加味，效果不佳。特别是加针四缝穴只有黏液，显系疳积，且病根已深，推知当是疳积在前，肺痈在后，补脾消疳，培土生金，得到了预期疗效。”

以上二例，虽病症不同，而其病因则一，用同样方法，达到同样效果，体现了中医学“异病同治”在临床实践上的指导意义。

四、桂枝名方，内外变用

桂枝汤为《伤寒论》之首方，董廷瑶于临床灵变应用极广，不限中风，亦治伤寒。他认为小儿稚阳之体，腠疏汗多，肌肤柔弱，易感外邪，多见中风表虚之证，所以桂枝汤为首选之方。诚如柯韵伯所谓：“但见一症即是，不必悉具，唯以脉弱自汗为主耳。”而且麻黄、葛根、青龙等发汗诸剂，方内都有桂枝，可见桂枝汤对有汗无汗之营卫不和致发热病人用之都有功效，凡是面色淡白少华，体质薄弱多汗，发热不高，起伏不退的证候都适用。董廷瑶还随证变法，于温病高热虽降，低热缠绵，汗出肢凉，取桂枝汤调和营卫，加青蒿、白薇领邪外出，每投数剂即收效。他指出，桂枝汤之合青蒿等药，又是适于温病恢复期退热有特效的方药。

董廷瑶不但对外感热病推崇用桂枝方，即于内伤杂病，亦常选用桂枝类方。如小儿厌食，汗多苔润，腹软无积，在屡用消导理气、健脾运中治疗而难以奏效时，察其腠疏易汗容易感冒，是因营卫不和影响脾胃气机，创用桂枝汤加味调和营卫，促醒脾胃，而获意想不到之效。他认为脾胃主一身之营卫，营卫主一身之气血。本病消既不宜，补又不合，病情迁延，常影响孩子营养吸收。而桂枝汤能调和营卫，促醒胃气，使之思食，是谓“倒治法”。遂自拟制剂“厌食灵”，即桂枝汤加消运养胃诸品，疗效显著。如此运用桂枝汤是他匠心独运的创举。周某，4 岁男孩，厌食 3 年。经常感冒，发热咳嗽，形体羸瘦，腹满，便艰或秘，舌苔薄润，脉浮细缓，针四缝穴三指液多。此病机为脾失健运，表虚易感。先拟调和营卫，扶脾化痰。桂枝汤出入：桂枝、白芍、炙甘草、生姜、红枣、陈皮、半夏、杏仁、炒莱菔子、连翘，7 剂药后咳瘥纳增，寝汗淋多。上方加浮小麦、糯稻根，续服 1 个月，疳化腹软，汗敛便调。药后胃纳健旺，盗汗亦和。两年后随访，面润体胖，身长、体重已合标准。

董廷瑶对桂枝汤加味应用更另有一种思路，就是在其配伍中，以加味药解决主要病症，桂枝汤只是起温阳通脉、开启枢机的作用，此乃董廷瑶多年临床实践探索获得的经验。如小儿痿证，下肢失用，不能站立行走，辨证为阳虚不能温养经脉，选用川椒、附片、鸡血藤、牛膝等养筋以通利血脉，配桂枝汤是引川椒入营血，增其补肾益火通经络、振痿强筋利关节之力，临床常用于痿证、偏瘫，不少病儿获效，确实为一有效验方。又小儿寒疝，则以桂枝汤温经通脉，助肉桂、小茴香、胡芦巴、橘核等品，温肾入肝而逐阴邪，常可止痛治疝，避免手术之苦。小儿神志病症中，如学龄儿童智钝少言，手抖足软，或伴动辄多汗，大便偏干，夜间遗尿，舌淡苔润，两脉濡细，乃其阳气久虚，心神受损，以附子温肾强筋，菖蒲豁痰通络，首乌、麻仁、麻黄根润肠敛汗，配桂枝以调摄阴阳，通启神机，是多年应用有效之经验方。有小儿情感性交叉两腿摩擦症，病发则满面通红，头汗如淋，而舌淡苔润脉弱，每可兼见尿频、夜遗，乃阴阳失和，阳气外浮。以桂枝汤加龙牡、桑螵蛸、莲须、芡实、金樱子等协调阴阳，摄阳入阴获效。在小儿心脏疾患中，常见心悸怔忡，自汗盗汗，夜眠不宁，舌淡苔润，脉疾促或结代，是因心阳不振，卫弱营耗，心神浮越。他擅用桂枝龙牡汤酌加附子、丹参、生地、赤芍、人参、黄芪、五味子之类，配桂枝是取其能导真阳而通血脉，梳理不足之阳，率领众类药达潜阳敛阴、卫固营守之效，心得滋养，脉行以常，辄能获效。

董廷瑶反复强调：古人之方，即古人之法寓焉。立一方，必有一方之精意存于其中，不求精意而执其方，是执方而昧法矣。盖桂枝汤之立法固在调和营卫脏腑，协理气血阴阳，然其精意尤在通启阳气，拨动神机。况小儿体禀阴阳两稚，易见阳气不振，阴阳不协。当此之时，舍桂枝而无适当之方，是故加味桂枝汤之于儿科临床更有特殊意义。

五、疑难杂症，气血论治

董廷瑶勤于思考，精于辨证，素以擅治疑难重病著称，治则以八纲辨证，又常从气血探讨，认为初病在气，久病入血。顽病苛疾，常以血涩瘀滞为患，每于方中加三棱、莪术、桃仁、红花、当归、川芎诸品活血化瘀，气行血活取得佳效，形成了董氏儿科又一特色。

（一）活血透痧，毒解体复。1958 年冬，全国性麻疹大流行，在上海地区更是十分猖獗。患者病势危重，并发肺炎、脑炎者众多，上海统计死亡率高达 10%，为历年罕见。市卫生局组织各方面力量，专设病房进行抢救。当上海市卫生局调董廷瑶去大公医院，同西医协作共同抢救患儿时，他毅然停歇私人门诊，放弃可观收入，日夜不离医院，全身心投入诊治。他认为麻疹病机在于“内蕴胎毒，外感天行”，故首应透发，掌握“疹性喜透”和“自内达外”的规律，顺其证情而因势利导，采取治疗措施，得“疹出毒解”，其病可安。他采用常规的初期辛凉透表，中期清凉解毒，末期清降泻火的治则。怎料该年严冬凛寒，连日大雪，疹毒深陷遏伏，难以透发，其病重，逆证、危证比比皆是，常有并发肺炎或脑炎者。看到不断有患儿病重死亡，他痛在心中，昼夜静心观察，苦苦思索：小儿麻疹外透为顺，疹隐为逆，逆者变化多端，常见两颧苍白，疹不齐透，一见即没或紫暗不明，体温陡高，旋见咳嗽鼻煽，甚则昏迷嗜睡，此乃毒向内陷，迅即并发肺炎，或转为脑炎，壮热昏厥而夭折。董廷瑶终于悟明：左颊属肝，右颊属肺，肺主气，肝藏血，今疹隐不透而颧白，乃脏腑失和，气滞血涩，毒不得外透而内陷，故险象丛生，应从气血着手论治。遂创用王清任解毒活血汤加减（当归、生地、柴胡、葛根、赤芍、桃仁、连翘、枳壳、甘草，酌加银花、川芎），服一二剂后，即面红疹透，毒解热和，转危为安。立即在麻疹病房应用上方，大量煎服，使危重患儿获痧透毒解之神效，挽救了许多麻疹兼并发症危重儿的生命，死亡率大幅度降低，由初期的10％降至0，为全市最低，疗效在全市首屈一指，获市卫生局表彰。董廷瑶“疹宜发表透为先，形出毒解即无忧”之论点得到肯定，名扬沪上。1959

年，他被推举出席了首届全国传染病大会，在会上宣读论文，介绍创用解毒活血法治疗麻疹逆证的心得，获得了与会中西医专家的重视与赞同，从而名扬全国中西医学界。其后经多年实践，麻疹凡疹淡不明或疹色紫暗，或兼患先天性心脏病患儿，常因血运失常里有瘀阻，每以活血透痧解毒，得转逆为顺而获效。

因他医术高超，学术上不断探索创新，卓有贡献，1959 年即晋升为首批中医主任医师。

（二）温经行瘀、徐缓肠套。小儿肠套叠，症发则腹中剧痛阵作，舌红而暗，脉带弦涩。西医学阐述其病理，是肠套叠的套入部分血液循环障碍，局部水肿充血，肠壁血瘀而作痛，日久则坏死。西医治疗虽经空气灌肠整复，但气血瘀凝未得恢复，常易反复发作，有反复发作多达十余次的。不得已则施行手术，给患儿和家长带来巨大痛苦。董廷瑶认为局部血瘀气滞，乃因水寒血瘀凝于肠之络脉，气血运行不畅，不通则痛。痛久在络，络主血，胸腹之痛、痞积之痛、肢体之痛均在络，皆宜治血。然血之与气，如影随形，治血必须顾气，利气活血，通则不痛。故立法以王清任少腹逐瘀汤加减，温经活血、行瘀止痛，药用当归、赤芍、川芎、玄胡、没药利气散瘀；蒲黄生用重在活血祛瘀；灵脂酒炒止痛而不损胃气；小茴香、干姜、官桂温经散寒，通达下焦；亦可酌加桃仁、乌药、川楝子，使肠内血活气行。通而不痛，肠套叠自能缓解，无需手术，经随访证明常能根治而不复发。临床治疗25例肠套叠患儿，均有反复发作史，都用活血利气行瘀通络法，从疗效分析都能达到腹痛解除而不再复发，可免手术之苦。董廷瑶据此撰写了《小儿复发性肠套叠的治验》，此论文被转载于日本的杂志上。

（三）理气活血、妙治黄疸。新生儿黄疸有因溶血、肝炎或巨细胞包涵体引起的，以肤目发黄为特征。古论多以胎孕湿热脾失转输，或寒湿阻滞郁久发黄，区分“阳黄”、“阴黄”辨治。若失治或治疗不合度，则病程迁延，常现癥块（肝脾肿大），腹部膨满，青筋暴露，成为难治之症。董廷瑶谓此因湿郁气滞，病久气滞则血瘀胶结成癥，治则首要是理气破结，活血化瘀，开壅除满，酌加清热化湿或温阳运湿之品，待气行血活，癥消湿化，则黄自退。他自拟验方，药选当归、赤芍、三棱、莪术、青陈皮、川楝子、枳壳、大腹皮、蟾皮等，结合患儿具体证候，辨阴阳寒热，分别加入茵陈蒿汤或四逆汤，临诊施治，常获痊安。张女，两月龄，1990 年 3 月 16 日初诊。生后皮肤巩膜黄染，肝脾肿大质中，胆红素 15μmol/L，GPT100U（赖氏），AKP80U（金氏），尿检证实为巨细胞包涵体病。住院治疗 1 个月，肤黄不退，晦暗不泽，粪如陶土，腹满胀气，小溲短赤，哭声低哑，舌淡苔腻，两脉濡细。董廷瑶辨证为寒湿壅阻、气滞血瘀之“阴黄”，急投董氏治黄疸之验方（见上）理气活血，配入四逆汤小制其剂，温阳行瘀，佐以薏苡仁、泽泻、茯苓、茵陈淡渗利湿。经治1个月，阴霾得阳煦而散，肤黄因瘀化渐消，肝脾肿减。继以人参鳖甲煎丸改汤剂化裁，佐入健脾化湿之品，服药半年，苔化薄净，诸恙均和，黄疸消净，肝功能及尿检均已转阴。正是从利气活血佐入温化寒湿之品，论胎黄之验证。

（四）温阳活血、蠲痹振痿。先天性肌营养不良症（假性肥大型为多见），是一种遗传性家族性疾病，先见肌肉假性肥大，活动受限，继之发展为进行性肌萎缩。中医归属于痿证，历来多以补益脾肾、健筋壮骨入手。董廷瑶却不囿此说，他认为先天不足，气血痹阻，筋脉肌肉失养，而致痿弱不行，当先拟温阳活血以蠲痹疗痿。谭某，男，4岁，1991年11月7日初诊。半年来两小腿肥大，肌肉坚实，步行登楼困难，只能爬行，经华山医院神经科检查，做肌电图等，确诊为先天性肌营养不良症（假性肥大型），治疗一个月未果，求治于董廷瑶。他细察详问，知悉患儿幼有“立迟”、“行迟”病史，纳便均调，视其舌淡苔薄，按之两脉小涩，小腿虽粗按之不痛，辨证乃为先天胎赋不足，气虚血凝，运行不畅，“血痹”是也，而肢体麻木不仁，腿粗步艰，已呈“五软”（指头项、口、手、足和肌肉五个部位所发生的软弱症状）危象。初起尚属本虚标实，先拟黄芪桂枝五物汤加桃仁、薏苡仁、木瓜、牛膝、鸡血藤等，温阳行气活血通络。服药3个月，小腿肌肉转软，行走平稳，舌净而脉细，阳运痹蠲。但气血尚亏，肝失濡养，筋脉不舒，再拟四物汤加参芪，佐以乌梅、木瓜、牛膝、鸡血藤等，益气养血柔肝舒筋。前方加减调治两个月，竟步行如常，已能手扶梯杆提腿登楼，血酶化验恢复正常。终以圣愈汤酌加二冬、黄精、鸡血藤等调补善后。

（五）涤痰化瘀、脑瘫治瘥。小儿脑瘫是因脑功能障碍引起肢体瘫痪，大多患儿于出生后数月或1年内出现症状，严重病例除瘫痪外还有智力不足及视听或言语功能异常，是为疑难重症，此类病儿为数不少。董廷瑶谓此属“五软”范畴，常以痰瘀阻络肝风内扰论治。患儿朱某，男，6岁，1991年2月21日初诊。生后手足痿软不能握物，步履不稳经常抽搐，时时摇头，尚能自觉预知，语言正常，舌红苔薄而腻，脉细带滑，头部CT检查示左顶叶脑血管畸形。董廷瑶称此为先天疾患，“五软”之症，血运失常，瘀阻脑窍，兼夹痰浊，筋纵不收，先拟活血行瘀，涤痰通络，息风安脑。方选桃红四物汤去熟地，加半夏、陈皮、天浆壳、天麻、全蝎、钩藤。加减化裁，服用1个月，摇头肢搐均停，神志已清，尚诉头昏，右手握力较振，足软步行稍稳，苔化薄净，口渴喜饮。瘀痰渐化，肾精本亏，虚风内动，次用六味丸加杜仲、川断、天麻、杭菊，滋水涵木，补肾强脊。最后以三甲复脉汤，滋养阴血，通脉填髓补脑，调治 10 个月，症情全面向愈，手足活动自如，唯常觉软弱少力。先天痿软，脑病顽症，获此显效，实乃巧思灵变，自出机枢。

四诊重望　推理论治

董廷瑶认为儿科为哑科，患儿有病不能自诉，故望、问、闻、切四诊中，以望诊为要。一望形神动态，以获整体印象；二望面色舌苔，兼视涕、痰、二便，以辨阴阳、寒热、虚实。《内经》对面部以五脏分部，以额配心，鼻配脾，颐配肾，左颊属肝，右颊属肺。《灵枢·五色》云："青为肝，赤为心，黄为脾，白为肺，黑为肾。"董廷瑶说这是五脏所主之常色，五色太过即是病色，故有"黄赤为风，青黑为痛，白为寒"。董廷瑶在此基础上，又精研钱乙的小儿面诊五脏分证，及历代医家之论说，经60余年临床大量实践识辨，融会贯通，更有进一步发挥，概括为山根为脾肺，印堂属心，太阳穴处属肝胆，上下睑及唇四白皆隶属于脾胃，下颏属肾。又以五色配五脏，面部淡黄或萎黄，是脾虚之证候；鼻准色黄则是湿痰停滞脾胃。印堂面颊红赤，心肺病热为多，颧红常见于痰热阻肺之咳喘、发热，治拟清解泻肺；颧赤甚或紫暗则常现于先天性心脏病或风湿性心脏病，辨证为心血瘀滞，投血府逐瘀汤合清养之剂，每能缓解。而麻疹逆证常见两颧青白，内合脏腑为左肝右肺，肝主血，肺主气，即是气血郁滞，疹透不畅，邪毒不解，迅即转发肺炎、脑炎危症，急用解毒活血汤抢救获效。如 3 岁男孩孙某，呛嗽阵发，痰黏不爽两个月。低热多汗，纳呆便涩，舌苔薄腻。看面诊：鼻准、眉间及两颊黄色明润。诊为痰浊蕴结不化，肺脾同病，治当燥湿化痰。予二陈汤加竹茹、紫菀、象贝、杏仁、百部、白术、神曲之类。1 周后咳松热净，色黄亦退。颜面部之青白或暗黑，比较常见的部位尚有前额、上下眼胞及唇周。前额为肺心所主的部位，如《素问·风论》：“肺风……诊在眉上，其色白”。有男孩严某，1岁，时发昏厥，前1周曾日作3次，但脑电图正常。厥时眼翻痰鸣，平常气促声嘶，低热，便干量多，唇紫，舌苔薄白。家长抱来求治。面诊观左侧额上青蓝成片，其下青筋隐布。董廷瑶谓：此乃痰厥，风痰蒙窍，扰动肝风，治拟豁痰息风。方用钩藤、天麻、陈皮、竹沥、半夏、天竺黄、天浆壳、胆星、白附子、菖蒲、丝瓜络。服7剂药后其厥不发，服4周后复诊，见额上青蓝色已淡。

人中即《内经》记载的“面王以下者，膀胱子处也”。人中青暗多见于囟填患婴，是阳虚水逆上泛。杨姓男婴，7个月大，8月上旬起泄泻尿少，腹胀足肿。以后又引发小便癃闭不通，囟门高突而软，泛恶呕吐。现纳呆作恶，面萎神淡，两目少神，大便较干，舌苔淡白。面诊色晦，人中部尤见青暗。董廷瑶谓：此乃下元阳虚，水饮上逆。治以温化渗利，投五苓散加附子、通草、谷芽。服5剂药后，呕恶止，泄泻和，小便通利，囟门渐平。续治两周而安，视其色，面润神活，人中青暗亦退。

婴幼儿山根色诊更有特征，平时山根青筋隐隐或连及鼻梁、眉心者，都为肺虚脾弱，易罹疾患。董廷瑶常谓："山根青黑，体弱多病。"当患病时青筋横行或成团，亦有见于外眉梢、太阳穴、上眼睑等处。山根青筋从部位辨证为脾胃受邪或不足，又青为肝色，脾虚木乘侮土，多因乳食过度或胃气抑郁，邪客中焦，常见于厌食、疳积、腹痛、泄泻等病症。常采用保和丸、胃苓汤以及董氏消疳类方药主治，消积化滞，抑木扶土；属脾胃虚寒的，治用理中汤、益黄散之类温运中阳，辄获良效。小儿肠套叠复发时山根青筋深蓝，辨为肝气郁滞，气滞血瘀，肠道瘀阻。董廷瑶选用少腹逐瘀汤化裁，活血利气而能振复肠套。

以上都是辨证施治，四诊合参，望诊为重，而能药中病所，症情向愈，则异色自隐，临诊屡试屡验。例一，傅某，男，两岁，厌食消瘦，面色萎黄，汗多淋漓，大便干燥，舌苔花剥。眉间山根青筋明显，左目外眦亦见。肺胃阴液亏少，治须滋阴清养。处方：珠儿参、麦冬、五味子、川石斛、制首乌、白芍、生地、谷芽、浮小麦、糯稻根。7剂后青筋转淡，知饥索食。例二，夏某，女，1岁，新感发热昨起，鼻塞汗少，呕吐纳呆，大便稀溏，小溲深黄，舌苔薄腻。面诊山根及左眉梢青筋显露，两颊亦见黄赤。风邪已化热，治拟疏化凉解。处方：连翘、银花、豆豉、黑栀、荆芥、苏梗、芦根、竹茹、葛根、鸡苏散。服3剂。复诊时热已退，筋淡面和。

董廷瑶临诊时，每每询问患儿睡中是否露睛，他说素体脾虚之小儿，必有此症。“上胞属脾，肿则脾伤也；下胞属胃，青色胃有寒也；肿而露睛者，脾胃虚极也。”指出眼皮属脾，脾虚故眼睑肿不能合。睡时露睛乃脾胃虚弱之明症，其脾胃中气暗伤，是为信号，于儿科临床很有诊断参考价值，常可予益气健脾之剂投治取效。又常兼见自汗盗汗，面淡脉弱等症，是因为脾胃先虚，营卫失和，故汗多腠疏，容易感冒，选用桂枝汤加防风、黄芪、谷芽而能健脾苏胃，益气敛汗，预防感冒。是为调整脾胃虚弱、反复感冒患儿之良方。

董廷瑶指出，望舌辨苔又为望诊中重要内容之一。所谓有诸内者必形诸外。小儿 3 岁以内脉气未充，不足为凭，故望舌更显重要。病之本元虚实，须视舌质；邪之重轻，当辨舌苔，其病浅深，又须按胸腹，问饮食二便，综合分析。

白苔，外邪初袭必先卫分，舌现白苔，苔白为寒，白浮润薄，寒邪在表，拟辛温散寒。

全舌白苔浮浊腻微厚，刮而不脱者，此寒邪欲化热也；初起苔白薄呈燥刺者，此温病伏邪感寒而发，肺津已伤。白润而黏腻，伤食积滞，病在气分。故同一白苔，一主寒邪在表，一主肺津受伤，一主伤食积滞，此辨外感初起之大要。故卫分之病，现于舌苔；营分之病，现于舌质。又有新生儿满口生白花则为鹅口疮，有因过用抗生素而滋生霉苔，湿热重可用导赤散合六一散泻心利湿。

黄苔，苔黄为热，黄深热亦甚。黄而滑者，湿热熏蒸也；黄而干燥，邪热伤津也。浮薄黄色浅者其热在肺；苔厚黄深则邪热入胃；苔薄黄舌色赤者邪热渐入营分也；苔黄白相兼而舌绛红，此气分遏郁之热烁灼津液，非血分病也，仍宜用辛润达邪、轻清泻热之法，最忌苦寒阴柔之剂。邪热内陷，舌质纯绛鲜泽，神昏者乃邪传包络，宜清营解热，通窍开闭。又苔黄垢腻口气臭秽，常因伤食积滞，湿郁化热，阻于肠胃，应清降里热，中合化浊、导滞兼泻腑热。

黑苔有寒热、虚实之异。黑而滑者内有寒痰，身无大热大渴者，须用辛温通阳化浊；黑苔薄润或灰色，舌质淡白，此为阳虚寒凝，亟须姜附温阳、桂苓化饮为法。苔黑而燥或起芒刺，舌质红赤，乃邪实热甚，若腹满痛而拒按，为腑实热结，急须三承气汤攻泻实热；舌质淡苔黑润为虚寒，则宜附子泻心汤温之；若苔黑干燥，腹不胀满，里无实结，是津液耗竭，又宜大剂凉润滋阴。董廷瑶强调，寒热、虚实必须明辨，毋犯虚虚实实之弊。又有食酸而色黑，称“染苔”，与病无关，不可混淆。

小儿舌质淡白者，为心脾虚寒，气血不足，正虚为本，至其变化，必当参合脉证。舌质淡白，脉神尚可，虽有邪热病证，宜轻清邪热，忌用苦寒削伐以伤气血。幼儿体弱，每见热盛伤阴，或阴损及阳，常见舌红倏忽转淡，此时急须扶阳。而吐泻烦渴，舌淡白者，非用温补不可也。曾治杨姓女孩，10岁，患亚急性败血症住院3次，病程两年。经各种药物治疗，已用激素倍他米松，每天用量达8片，若减少半片，病情就反弹。加用中药清热解毒，病情只重不轻。1991年11月来院求治。董廷瑶通过望诊，见其满月脸、两颧红赤，自诉灼烫难忍，然视其舌质淡胖而嫩，苔白厚腻，形神不振；问诊，低热不清，胸闷气促，膝关节酸痛，大便时泻，小溲清长；闻诊，语音低弱，萎靡无力；切诊，脉沉细微，按腹满软。因服激素，食欲颇佳。按四诊所得分析，判断其为风寒湿三邪合致所困，必须大剂温振阳气，散寒化湿，以驱阴霾。药用川草乌、桂枝、附块、干姜、苍术、川朴、牛膝、生姜、茯苓、木香等。服用1周，药后平稳。二诊续加仙茅、仙灵脾增其温肾通阳之力，病情逐步缓解，激素递减。前后服药3个月，厚苔化尽，寒湿渐蠲，各项化验基本正常，激素剂量减大半，获准出院。

阳气渐复，阴寒尽化，已出现阳复阴耗现象，上方去川草乌、苍术、干姜，增入护阴养血之品，使阴阳平衡，速其康复，终至停服激素，诸症向愈，上学复课。董廷瑶分析：本案亚急性败血症，以发热持久、关节酸痛为主症，中医无此病名。视其激素面容，红赤灼烫难以忍受，低热不楚，似为热痹；然从舌质淡胖，苔白厚腻，神萎音低，脉微沉细，便泻溲清，显然是里寒湿盛，是真寒假热之象也。病已两年，是阳气衰微为本。抓住病本，分清寒热真假，热因热用，立法选方丝丝入扣，药随证变而能救治重危难症。西医诊断的病名和理化测试数据，理应作参考，但切不可被框限，激素只能治标，不能治本。

董廷瑶一贯强调明理，认为要做一名好中医，就必须掌握生理、病理、脉理、舌理、方理、药理等这些规律，才能为中医诊治疑难病症提供思路。他阐明推理论病、推理论治，才是符合中医临床的思路。他对麻疹重证、逆证运用解毒活血法的创意，就是凭借这样的思路而产生的。同时他还对多种病证的立法选方问题提出新的观点，譬如对小儿复发性肠套叠，认为是肠道络瘀，创用活血利气法，以王清任少腹逐瘀汤为主，加减化裁，临床施治20余例均有特效，避免了手术之创伤。而对成人非特异性慢性结肠炎，他认为属于寒热虚实夹杂之久痢，病位在少腹，故应从《伤寒论》六经辨证中的厥阴论治，采用乌梅丸为主，随症加减改为汤剂，连服月余，治愈率很高。

又如，对婴幼儿久泻之逆症，而见肠麻痹者，辨析其为脾惫窒滞，腑气不通，应予辛香温通之剂，但胃不受药，口服汤药必呕，只能另觅给药途径，改为外用，遂创制温脐散敷脐，能在敷后两小时内肠鸣矢气频转，得大便下而吐止。有陈姓男孩，13月龄，因发热3天，泄泻两天，已在他院经补液、服抗生素及中药葛根芩连汤、紫雪丹等治疗，热度不退，吐泻更剧，转入本院。大便水样有黏冻，每日 6～7 次。粪检：红细胞每高倍视野 0～2，白细胞每高倍视野 10～20。精神萎顿，有脱水征。西医诊断：菌痢；中毒性消化不良。第 3 天，体温上升（39.5℃），大便次数频多，腹部胀气，有肠麻痹趋势，病情严重。当晚 9 时，邀董廷瑶会诊时，泄泻已 6 天，高热、腹痛，舌红苔薄口燥，作恶呕吐，哭则无泪，大便稀黏次多量少，小溲尚长，腹部膨胀，扣之中空。董廷瑶辨证指出，这是因为发热腹泻严重，脾气已虚惫（肠麻痹），证势危险，速需救急。先予外敷自己创制的温脐散（丁香、肉桂、木香、麝香），希其能转矢气，以察变化。两小时后更换一次。因时间太晚，未处汤剂。次晨再诊，知已略转矢气，肠鸣腹软，热度渐退，但泄泻仍剧，每日 7～8 次，小溲通长。仔细观察，其形神更软，舌质由红转淡，舌苔薄腻，睡时露睛，脾阳更虚矣，即予附子理中汤加炒白芍、木香。连服两剂，泄泻减至每日 3 次，热平胃动，形神较振，哭已有泪，腹已转软，大便仍溏黏。续用原方去白芍加炒石榴皮、炒扁豆，连服 5 剂，痊愈出院。

董廷瑶在强调中医从业者应明理，即必须掌握生理、病理、脉理、舌理、方理、药理等规律的同时，提出运用“推理论病，推理论治”的中医临床方法，如选用什么方剂，如何化裁，或者另辟蹊径，或创制新法等。而要做到这些，均有赖于平时苦研博闻和多临床多实践。

有一名 4 岁男孩顾某，家长代诉，每于外感发热后，夜眠即感鼻塞气憋，吸气困难，发作时张口呼吸，咳逆喘促不能平卧，必须高枕斜倚，屡屡急诊，反复发病已有两年。上海瑞金医院诊断为“增殖体肥大”，予以手术切除后，上症停发 4 个月余。继因送入托儿所，哭吵引发气憋吸难唇紫，急送上海市第一人民医院，诊断同前，在全麻下再次进行手术切除。此后不久，感冒发热，静滴抗生素后，高热虽退，旧疾引发气憋难受，高枕倚坐不得卧，患儿痛苦不堪，家长抱来苦苦求治。董廷瑶审视患儿面色苍白，形体瘦弱，鼻塞张口呼吸短促，唇微紫绀，舌苔薄腻，两脉细弦小促。辨证属冲气上逆，痰浊阻络，肺窍不利。治拟镇冲降逆，泻肺涤痰。方宗旋覆代赭汤之意，药用沉香粉、代赭石、桑白皮、甜葶苈、杏仁、川贝、陈皮、紫菀、川石斛、炒谷芽。服 5 剂药后气促顿减，夜卧仍觉鼻塞气憋吸难，嗳气尚有，寐则寝汗，苔化薄润。董廷瑶凝神沉思，此儿病已两年，中气虚耗，气机升降逆调，当辅补气之品以升清降逆。处方：沉香、代赭石、苏梗、陈皮、炙黄芪、太子参、焦白术、茯苓、防风、炒白芍、炙甘草，再 6 剂。自服补气降逆方药以来，呼吸明显改善，夜能平卧，入睡尚有轻度鼾声。病虽向和，但未断根，体质虚耗，再拟调元以善后。处方：炙黄芪、太子参、炙甘草、焦白术、沉香、赭石、炒白芍、天花粉。上方调治半月，患儿呼吸恢复正常，虽有哭闹，也未引发气憋。次年又因他疾前来就诊，其母告知，一年来曾有数次外感发热，而气逆喘憋未作，全家欣慰。

董廷瑶分析，本病西医学称为“增殖体肥大”，患儿精神萎靡，面色淡黄贫血，曾经两次手术仍未根治。中医辨证不可受前医诊断增殖体病名所框限。病系外感发热后气机逆乱，冲气上逆，挟痰迫肺，肺窍失宣而胸满气憋。病理既明，应从整体出发，当效法仲圣治伤寒汗吐下后，心下痞硬，嗳气不除，旋覆代赭汤之意。赭石质重善于镇冲降逆，沉香味辛体重能升能降，两味相合为君，益增其降逆平喘之力，再配以桑皮、葶苈、杏、贝泻肺化痰。药下痰浊虽化，但喘逆嗳气未平。再细思患儿病久，中气必已虚损，冲气乘虚上干，填塞胸膺，排挤胸中大气，使之下陷，应从“虚”字着眼。故于次诊加入参、术、芪以补下陷之元气，佐以沉、赭调气升清以降逆，上宣肺窍，下平冲逆，病理药理契合，气机调畅，则喘促气憋终获痊愈。

有周姓男孩，15岁，咳喘反复发作12年。近感新邪，咳呛阵作，痰阻气促而喘，两眼白睛赤脉纵横，上有胬肉高起红赤，已达黑睛边缘，舌红苔薄腻，两脉细滑带数，纳和便调。西医眼科专家诊断为“翼状胬肉”，胬肉翳遮，会影响视力，建议手术。家长不忍，求诊于中医。董廷瑶辨证为肺经有热，风邪外袭，痰火上壅，咳剧损及肺络而致血溢。治拟泻肺涤痰为要，选泻白散加味，予桑白皮、地骨皮、清甘草、粳米、甜葶苈、侧柏叶、陈皮、姜半夏、竹茹、白茅根。服药7剂，两目胬肉渐消，咳减喘和，苔化薄白。前法初效，续予上方去甜葶苈、侧柏叶、陈皮、姜半夏、竹茹，加桑叶、枇杷叶、冬瓜子、紫菀。7剂服完，胬肉消退，结膜转清，咳瘥苔净，两脉细软，病去七八。再拟清润肺气以泄余热，上方去紫菀，加黄芩、北沙参。4剂药后家长携儿前来道谢，连称神医也。学生叩问其机，董廷瑶徐徐道来：两目白睛红丝满布，胬肉翳遮，此病名为“胬肉攀睛”。经云：“五脏六腑之精气，皆上注于目而为之精”；又云：“白眼赤脉，法于阳也。”病发于阳，推知肺经有火。故见两目红赤，胬肉攀睛。推理而论，按五脏五轮的病理，白睛称风轮，内合于肺，眼白红赤，病乃肺经火热，痰浊上壅为祟，迫血妄行，是属阳证、热证。当急泻肺泄火涤痰为要。法宗钱氏泻白散合肃肺涤痰止嗽之品，痰火并泄，标本同治，二诊即获肺宁血止，胬肉退净，咳逆旋平。见效迅捷，贵在理明病识，推理论病施治，切合病机，一举中的。

师古不泥　推陈出新

一、热病急症，治发机先

董廷瑶熟谙伤寒、温病学说，擅治热病，尤其对于小儿高热惊厥，强调指出：不可一见神昏抽搐，即遽投金石重镇，冰麝开窍，此乃舍本逐末，必须分清在经在腑，袭卫入气，热盛在经，选白虎汤以泄热；里实腑结，用承气汤以泻火；风温初感，宜银翘以透解，此为常法。急重疫病犹须据证应变。如乙型脑炎，疫毒暴戾，传变瞬间，壮热化火，旋犯心包，急须治发机先。常用羚羊合白虎汤，或凉膈散与承气汤同用，大剂泻火通腑，攻逐疫毒，先发制病，而杀其猖獗之势。又小儿患腺病毒性肺炎，咳逆气促，壮热谵语，狂乱躁渴，遍用抗生素无效，即如牛黄、至宝、神犀（犀角现已代用）等亦常不应。董廷瑶殚精静思之，此乃温毒犯肺，邪壅心膈，当泻胸膈郁火，泄膻中痰热，更需药专力宏之品以济急，遂创制熊麝散（熊胆 0.9～1.5g，麝香 0.03～0.05g 为散化服）。以熊胆泻火开郁，清心凉血能入膻中；麝香开结解毒，平惊苏神，有“开关夺路”之功，两品相合直入病所，专治小儿急惊热盛神昏之重症，参入辨证选用之汤药，辄能热退咳和而获奇效。

二、董氏验方，师古创新

董廷瑶擅治小儿发热性惊厥，强调必须与痫证等作鉴别诊断。该病病机是小儿体脆神怯，夙有风痰蕴伏，外感发热时，经脉不耐邪热而拘急，生风生惊，风痰走窜而致惊厥。其惊厥是在发热中发作，惊厥过后并无贻害，故不同于痫病的无热抽搐。他经多年研究，创制“董氏定惊丸”。药用天麻、全蝎、赭石、胆星、僵蚕、白附子、麝香、乳香、冰片、钩藤、龙齿等，以朱砂为衣，水泛为丸，如绿豆大，每日两次，每次6g吞服，连服一月为一疗程，重则连服两月，具有息风豁痰、通窍镇惊之功。除了在患儿惊厥时治疗外，还可预防高热时引发惊厥。60余年来已治数千例，3/4惊厥患儿获愈；用于预防，尤其有显著疗效，虽发高热而惊厥未作。但对脑炎、脑膜炎等惊厥，则不适用。

小儿痫病有实有虚，实证每多痰火作祟。董廷瑶临床探索，自制验方“董氏镇痫汤”，药用菖蒲、竺黄、胆星、白附子、川贝母，以豁痰开窍，加竹沥油、保赤散或礞石滚痰丸泻下顽痰，佐钩藤、天麻、龙齿等，平肝息风镇痫。痫证稳定后转为虚痫，再以古方化裁，研制出“董氏定痫散”，培元益气巩固疗效。药用移山参、茯神、紫河车、琥珀、甘草、朱砂、胆星、珍珠粉，专治久病本虚而痰火初退、形神不足之癫痫患儿。方中移山参、紫河车大补气血，为治痫要药，配化痰镇惊诸药，可杜痰治本，历年施治，常能获效，颇有心得。

董廷瑶治小儿疳积既承家传心法，又有总结提高。他说：前贤辨疳名目繁多，然不离乎喂养不当，或病后失调，因营养过剩或不足，使脾胃受到损害而造成。譬如种花，施肥不足不能生发，施肥太过反而枯萎，其理相同，为本虚而标实证。同时还要看患儿体质的强弱，病情之深浅。对病久体质虚弱者，用先补后消法。此外，还有三补七消、半补半消或九补一消等，在临床上获得加速疗效的功用。他研制出董氏治疳甲、乙、丙验方三类。初病体实者，用先消后补法，先予甲、乙二方加减合治之，再以丙方调扶善后；久病体虚者，宜七补三消法，以乙、丙方出入调治之。三方组成为，甲方：煨三棱、煨莪术、炙干蟾腹、炒青皮、陈皮、广木香、醋炒五谷虫、胡连、佛手柑、焦山楂、炒莱菔子，适用于疳积已成，腹部膨硬，而形体尚实者，以消为主；乙方：米炒党参、土炒白术、茯苓、甘草、陈皮、炒青皮、醋炒五谷虫、炒神曲、煨三棱、煨莪术，适用于疳证体虚，或服消疳药后其疳渐化，而脾胃气机未复，形神尚软患儿，以半补半消为妥；丙方：米炒党参、土炒白术、茯苓、甘草、陈皮、怀山药、炒扁豆、五谷虫、炒神曲，适应疳证渐趋恢复，以调补为主，稍佐消导之品。服药同时还配合针刺四缝穴，以振奋中气，促动化机。针刺法既能判断疳证轻重，又有助诊断，并能加速疗效。乡邻有一男孩，16 个月龄，面色苍黄，形消肉瘦，发稀，拔之即起，大便溏泄，时常发热，舌淡苔薄，抱来求治。董廷瑶针其四缝穴黏液多，诊断该儿已是疳久脾虚，故初方即用温扶脾土之剂。二诊时元气略振，遂以消扶兼治。三诊时疳积渐化，治当使用补消二法，终获痞化胃开。

三、独特手法，根治顽吐

董廷瑶临诊常见有新生儿于诞生后即频频呕吐乳汁，量多常从口鼻而出，如喷射状，一日数次，吐后神情如常，仍能喂乳，无他所苦。在排除器质性病变及发热感染等因素后，显系功能性呕吐。西医学有称“贲门松弛症”或“胃食道返流”，应用阿托品、胃复安等解痉剂，疗效不显。历代医家多按寒热虚实辨证，选用汤药进治，但药入亦吐，难以奏效。往往至一二岁后仍时时呕吐饭食，病程有长达 7 年以上者，为顽固性呕吐。由于营养不敷，导致生长发育迟缓，甚而并发支气管炎、贫血或佝偻病，严重影响儿童健康发育。患儿痛苦，家长焦虑，到处求医。董廷瑶勇于探索，对此独有见解，认为呕吐之由，乃“火丁”（又称“蒂丁”，指悬雍垂对面的会厌软骨处）受浊邪火热熏蒸突起；亦有胃中秽浊之气循经而上，均可生成

"火丁"，导致呕吐频繁，汤药难进。面对顽固性吐乳症，他急家长之所急，日夜苦思，最后决定另辟蹊径，创用手法按压，隔日 1 次，3 次即能吐止症愈。手法操作：患儿空腹两小时后，医者将右手食指清洗消毒后，掌面蘸以少量冰硼散，快速按压在患儿舌根部的"火丁"上，迅速退出，压后 1 小时方能进乳。隔天施术 1 次，3 次为 1 疗程。临床大量病例治疗，多次统计，疗效均达 95％左右，随访结果远期疗效巩固，长期顽吐经手法按压后不再复发者达 90％以上。该法简便安全，确有奇效。经科研设计，动物实验阐明了手法止吐之机理，该手法已通过专家鉴定，获得国家中医药管理局科研成果奖。著名老中医独特外治经验得以发掘，推广应用，使患儿获及时止吐，得健康成长。是乃董廷瑶创用之独特疗法，造福于广大儿童也。

教书育人　振兴中医

董廷瑶毕生热爱中医事业，他以精湛的医术，高尚的医德，无私奉献于人类健康，解除了无数病儿的病痛，挽救了许多病儿的生命。他不但身体力行，同时还十分注重培育中医的接班人。

1959 年，他在静安区中心医院工作期间，创办了四届中医带徒班，自任班主任兼教研组长，讲授医古文，并聘请各院名老中医任课教学。他以身作则，治学严谨。教学采用上海中医学院的教材，学员半天上课，半天随老师临床应诊，5 年为一届。由于理论能及时应用于临床实践，学员进步很快，结业后在区内各医院当中医师，10年后都成为中医骨干或科主任，使静安区各医院的中医科医术水平不断提高。1980年，他担任上海市中医文献馆馆长，又被聘为上海市中医院顾问、《上海中医药杂志》编委会顾问，并在文献馆创办了《杏苑》中医杂志。此时年过八旬的他在完成文献馆内外公务的同时，始终不忘另一重要任务，就是振兴中医队伍。经请示卫生局领导，举办了上海市卫生局中医研究班，他亲自兼任班主任，聘请上海中医药大学著名老教授及市内名医讲解《内经》、《金匮要略》等中医经典和特色流派经验。学员都是各医院的中高级中医师，其中包括市区各医院的科主任。他们既有一定的理论基础，又有10年以上的临床实践经历，来研究班脱产学习1年。学员们在这里重温经典，又学到了上海市众多名中医的临床独特经验，明显地提高了中医学术理论水平。董廷瑶一共举办了5届研究班，约200余人参加，为各医院培养医、教、研方面高层次的中医人才作出了贡献。1983 年，他被聘为上海市中医研究院专家委员会名誉委员，并被评为上海市卫生先进工作者。1984 年，国家卫生部拍摄《杏林春色》录像资料，他被列为“上海市十大名医”之一。1985 年，他从上海中医文献馆退居二线，任名誉馆长。但他仍坚持在医教研一线，继续带教学生应诊，为众多患儿治病解痛，开展中医科研，获得了上海市“五十多年为祖国医学作出贡献”的嘉奖。1988 年，他被聘为上海中医药大学客座教授。

董廷瑶成名以后即收徒传教，培养了数十名学徒，其中相当一部分成为沪、甬两地中医儿科新一代专家。他治学严谨，敬业爱才，对儿孙与学生一视同仁，不分亲疏，严格带教，周详讲解，毫无保留地将自己数十年历练而得的宝贵经验和心得传授给他们，并督促他们总结撰文提高理论水平，进行临床研究，最终成为董氏儿科学术带头人。他们应用董廷瑶的学术思路和医疗经验，为患儿治病，获得了十分显著的疗效，备受家长赞誉、病儿欢迎。

因为董廷瑶在中医临床和教育事业上作出了杰出贡献，1990 年起，他享受国务院政府特殊津贴，并被确定为首批五百名全国老中医药专家学术经验继承工作指导老师之一，同时确定其学术经验继承人为王霞芳。他虽已届耄耋之年，仍不辞辛劳，再次收徒，悉心授教三年，使学生能获真传。他这种老当益壮、锲而不舍的精气神，对医学和教育的执著与追求，使学生感动不已，暗下决心，立志继承他崇高的医德医风。在他的教导下，他的学生王霞芳在中医药事业中也作出了重大贡献，获得了国务院政府特殊津贴及上海市三八红旗手的荣誉，并被评为第三、四批全国老中医药专家学术经验继承人的指导老师。1994 年，由王霞芳承担的“董廷瑶老中医诊治婴儿吐乳（火丁按压法）症的临床研究及机理探讨”课题，荣获国家中医药管理局科技进步三等奖，并获上海科委科技进步三等奖，上海市卫生局中西医科技进步三等奖。

为使董氏儿科传承光大，董廷瑶长子董维和年轻时即跟随父亲，临证抄方，攻读医书，并于中学毕业后去宁波名医王宇高门下拜师为徒，学习各家之长。3 年后又回到董廷瑶身边，专攻儿科。1939 年随父迁居上海，1941 年又考入上海中国医学院求学，进一步研读中医理论，1943 年毕业。为报效服务乡里，同年 8 月，董廷瑶促其回宁波东马弄开设儿科诊所。中华人民共和国成立后，董维和先后任宁波市鼓楼医院、孝闻卫生院业务副院长，宁波市第四、五、六届人大代表，第四届政协委员。由于他深得父亲之真传，又赴中医学院深造，加之临床多年，因此学术造诣颇高，诊所经常门庭若市。更由于他承父仁术医德，医疗效果佳，甬地百姓崇敬有加，曾被评为浙江省名中医。可叹壮年之时，年仅五十有三，不幸病逝，仅留下遗稿《小儿麻疹防治》一书和十几篇论文。当时，董廷瑶不但为痛失爱子而悲戚，更为医林中失去一位深得董氏儿科真传而又学验俱富的好接班人而痛不欲生。沪、甬两地卫生局也十分重视董氏儿科接班人的问题，经协商决定，于1973年底将其孙（董维和之子）董幼祺专程送到上海，随祖父学医深造。经董廷瑶数年的精心培育，严格督教，加之董幼祺天资敏慧，勤奋好学，其学业猛进。如今董幼祺已深得董氏儿科之真谛，并在继承的基础上不断予以发扬光大，现已被评为全国第四批老中医药专家学术经验继承工作指导老师，浙江省名中医，宁波市名中医，浙江中医药大学、江西中医学院兼职教授，硕士研究生导师，宁波市中医院副院长，董氏中医儿科学科带头人。而且其子董继业（董廷瑶的曾孙）亦从中医大学毕业，在宁波中医院随父从事中医儿科的医疗科研工作。董氏第六代传人及无数得其真传之爱徒，共同奋斗在他老人家为之热爱和献身的中医事业上。

利泽苍生　寿人寿己

董廷瑶经常告诫身边的医生，要“先学做人，后学行医”。他认为，良好的医德比医术更为重要。要发扬中国历代医圣行医的优良传统，医生必须具有高尚的医德。他说，一个高尚的医生，一定要以解救病人的痛苦为职责，不贪名声，不图金钱，对病人应该有高度的同情心和责任感，治疗工作要仔细认真，有始有终。病人来看病，不能计较他们的穷和富、美和丑，应该一视同仁，都给予尽心治疗。遇到危险的病症，不要先想到自己的利害得失，瞻前顾后。如果遇到传染病人，医生虽然要保持清洁，讲究卫生，却不能有所顾忌，害怕接近他们。需要出诊的时候，不管路途怎样险阻，天气怎样冷热，或者是在夜晚，自己尚未吃饭，都要立刻出发。要以治病救人为要。

董廷瑶对病人爱护备至。他应诊时，虽有限额，但对远道而来的病人，都尽量满足其要求，宁愿自己辛苦一点，也给病人加号诊治。来信问病者，亦多给予答复或寄去药方，因而得到患者的尊敬和爱戴。

他认为，一个好的医生还应该有优良的医学修养。学医之道，要治学严谨，主张由博返约，由通而专。作为一名中医，除研读医著之外，也应涉猎文、史、哲、数、理、化、天文、地理及其他有关的边缘学科，俾能获得广博的知识。任何一门学问都不是孤立的，而是可以互相渗透、互相启发，甚或互相嫁接移植的。基础宽广而扎实，学问的造诣才能更高。他说，有的人只读了几年医学书，就骄傲地说天下没有他治不了的病。但是等他做了几年医生之后，才明白自己的知识实在太浅了。以为自己天下第一，骄傲得不得了，这是医生致命的弱点。

他认为，医生不仅要治病，而且要劝人防病。他告诫人们，讲究卫生，起居有律，可以预防疾病。要关心病人，同情病人，这是医务人员的道德规范要求。到医院求医的病人，精神上、肉体上都正遭受着疾病的折磨，尤其希望得到医生的关心和爱护。医生对病人说一句温暖的话语，做一件关心的小事，送一个善意的微笑，都会使病人得到莫大的安慰。“良言一句三冬暖，恶语伤人六月寒。”为医者还要注意语言亲切得体，这也是良好医德品质的重要表现。要让病人感觉到，医生像自己的亲人一样。对病人提出的合理要求，要根据实际情况，尽量给予满足和解决。医生不能因病人文化水平、社会地位高低而另眼相看；不能因与病人的关系亲疏而有所差别；也不能训斥、嘲笑、捉弄病人；更不能欺骗病人，推卸责任。而且为医者，要医行端庄，热情周到，在病人心中建立起信任感，给病人创造一个良好的心理环境。另外，医生在医疗活动中，还须抑制自己的心理情绪，既不能因自己情绪不安而影响医疗操作，又不能把自己的情绪传染给病人，影响病人的疗病康复。董廷瑶是这样说的，也是这样做的。他是广大医务工作者的楷模。

董廷瑶一生业医，诊治病人百万人次，使无数患者恢复健康。或许由于这个原因，老天给了他最好的回报，使他也获得了长寿，活了整整 99 年。对董廷瑶的长寿养生之道，外界颇为津津乐道。在他 90 岁高龄时，上海市卫生局及中医界同仁为他举办的祝寿会上，大家看到他精神矍铄，腰背尚挺，眼不花，耳不背，神不倦，而且思路敏捷，言谈爽朗，得知他每周还能坚持坐堂门诊 3 次，有时一天看病达 100 人次时，感到很惊奇。有人问他："如此高龄，何必坐堂?"他笑着回答："淡泊名利，寿人寿己。”

首先，董廷瑶禀性耿直，心胸坦荡，豁达大度，生活顺乎自然。即使偶有情绪波动，也能很快平复。他说：淡泊名利，随遇而安，我平日考虑业务多，计较物质条件少。对烦闷、忧愁、悲哀、愤怒、喜悦等激烈情感，均予以节制。即使在20世纪六七十年代遭到迫害时，因自己一生治病救人多，为人做事问心无愧，精神上仍能保持稳定、镇静。这些在客观上都符合中医精神调摄养生的要求，故获健康和长寿。

其次，对饮食的调理，重点在清淡、适量。食谱宜广，不可挑食。在于“节食养脾，戒除偏嗜”；“五谷为养，五果为助，五畜为益，五菜为充，气味合而服之，以补精益气”；老年人尤其要注意“已饥方食，未饱先止”，不嗜“膏粱厚味”，即不多吃高脂肪、高蛋白的东西。董廷瑶不饮酒，已戒烟，饮食较少，定时定量，选易于消化之物。他饮食有法：早餐吃好，午餐吃饱，晚餐吃少。吃食讲“五勿”：要缓吃，勿急吃；要暖吃，勿冷吃；要软吃，勿硬吃；要吃清淡，勿吃咸腻；要吃新鲜，勿吃陈烂。对冰饮之类非盛夏不入口，曾经言：形寒饮冷则伤肺，实亦伤脾。节饮食以保胃气，是益寿延年不可或缺的一个环节。

再次，他认为起居有常，动静合宜，葆养精气，有赖于起居、生活习惯的调摄，生活要有规律。养生在动，养心在静，饮食有节，起居有时。同时节欲也很重要，入房过度则伤肾，养生以不伤肾为本。肾为先天之本，精为生命之基，若精气亏虚，肾元大伤，势必导致早衰、夭亡。适当的运动，对摄生延年也很重要。董廷瑶长期保持步行的习惯，借以作为一项运动，锻炼体力；在劳累时采取静坐，排除杂念，作为精神的休息，不那么强调姿势、呼吸，不失为简便易行的方法。

最后，要“未病早防，药饵抗老”，重视中医“不治已病治未病”的预防思想。他说老年人气血虚衰，患病之后，易见病邪深入而变症蜂起，因此应重视预防。已病之后，更应及早治疗，这是养老所不可轻忽的。用药饵培本固元，调节脏器和气血，对抗衰老有一定的作用。但药物究属补偏救弊，不能无的放矢、乱服久服。董廷瑶的养生经验也是留给后世的一笔宝贵的精神财富。

2002 年 2 月 28 日，一代中医儿科名医董廷瑶在上海谢世，享年 99 岁。

（撰稿人　董幼祺　王霞芳　封玉琳　丁惠玲　董继业）

《中华中医昆仑》丛书150位医家名录

（按生年排序）

张锡纯	丁甘仁	萧龙友	王朴诚	恽铁樵
曹炳章	冉雪峰	谢　观	施今墨	汪逢春
孔伯华	黄竹斋	吴佩衡	蒲辅周	陈邦贤
李翰卿	李斯炽	姚国美	陆渊雷	张泽生
时逸人	张梦侬	叶橘泉	王聘贤	陈慎吾
邹云翔	赵炳南	承淡安	余无言	刘惠民
岳美中	沈仲圭	秦伯未	赵锡武	韦文贵
程门雪	黄文东	赵心波	董廷瑶	吴考槃
章次公	石筱山	陆南山	张赞臣	李聪甫
刘绍武	陈存仁	朱仁康	陆瘦燕	姜春华
韩百灵	高仲山	李克绍	王鹏飞	刘春圃
金寿山	哈荔田	何世英	周凤梧	干祖望
关幼波	王为兰	任应秋	罗元恺	祝谌予
杨医亚	郭士魁	何时希	耿鉴庭	俞慎初

裘沛然	顾伯华	江育仁	邓铁涛	门纯德
刘渡舟	尚天裕	朱良春	李玉奇	程士德
尚志钧	赵绍琴	董建华	米伯让	李辅仁
张珍玉	班秀文	颜正华	于己百	颜德馨
路志正	方药中	王乐匋	黄星垣	谢海洲
余桂清	何　任	王子瑜	程莘农	陈彤云
焦树德	张作舟	张　琪	李寿山	张镜人
王绵之	方和谦	印会河	王玉川	蔡小荪
李振华	马继兴	王嘉麟	宋祚民	刘弼臣
王雪苔	刘志明	吴咸中	李今庸	任继学
裴学义	王宝恩	周霭祥	贺普仁	唐由之
赵冠英	许润三	金世元	陆广莘	刘柏龄
徐景藩	吉良晨	吴定寰	沈自尹	王孝涛
张灿玾	周仲瑛	强巴赤列	张代钊	李经纬
郭维淮	柴松岩	苏荣扎布	陈可冀	李济仁
夏桂成	郭子光	巴黑·玉素甫	张学文	陈介甫